心灵十境

释证严 讲述

复旦大学出版社

出版说明

《心灵十境》最初由台湾慈济文化出版社在台湾出版发行。

证严上人，台湾著名宗教家、慈善家，一九三七年出生于台湾台中的清水镇。一九六三年，依印顺导师为亲教师出家，师训"为佛教，为众生"。是全球志工人数最多的慈善组织——慈济基金会的创始人与领导人，开创慈济世界"慈善"、"医疗"、"教育"、"人文"四大志业。二〇一〇年，被台湾民众推选为"最受信赖的人"。如今遍布全球的慈济人,出现在全世界许许多多有灾难与苦痛的地方,通过亲手拔除人们的苦与痛,实践上人三愿:人心净化,社会祥和,天下无灾。

证严上人及慈济基金会的各种义举,得到国家有关部门的重视和肯定。二〇〇六年,慈济基金会获得"中华慈善奖"。二〇〇八年,海峡两岸关系协会会长陈云林访台期间,特意前去拜访证严上人,并对慈济基金会在大陆的各项慈善行为,做出了高度的评价。二〇一〇年八月,经国务院批准,慈济慈善事业基金会在江苏省苏州市挂牌成立,成为大陆第一家,也是唯一的一家由境外非营利组织成立的全国性基金会。

一九八九年,证严上人发表了第一本著作《静思语》(第一集);此后的数十年来,证严上人的著作,涵盖讲说佛陀教育的佛典系列,以及引导人生方向与实践经验的结集;这些坚定与柔美的智慧话语,解除了众多烦恼心灵的苦痛与焦躁。台湾民众有这样的说法——

无数的失望生命,因展读上人的书而回头;
无数的禁锢心灵,因展读上人的书而开放;
许多的破碎家庭,因展读上人的书而和乐;
许多的美善因缘,因展读上人的书而具足。

证严上人的著作问世后,在海内外均产生广泛且持久的影响。最近复旦大学出版社获得静思人文志业股份有限公司授权,在中国大陆推出"证严上人著作·静思法脉丛书"的简体字版。《心灵十境》属于佛教经典书系,讲述成佛一定要经过"菩萨十地"的十个阶段,也是生活中,人格提升必经的十个层次。希望能给读者以启迪。

复旦大学出版社

二〇一〇年十月

自序

释证严

何谓"菩萨"?是否一定要能"飞天遁地"才是菩萨吗?

所谓"菩萨",并不是指土雕木刻的形象,也不见得要飞天遁地;真正的"菩萨",是不畏心劳身苦而能济世救人的人。

这几年来,天灾人祸频传,诸如:最近因"圣婴现象"于中国及中南美洲……等国家,带来特大豪雨,造成世纪性异常严重的洪涝大灾害。我们可深切体会到人生无常、国土危脆。还有去年(一九九八年)的"瑞伯"、"芭比丝"台风接连袭台,带给各地不少灾祸;还有大陆长江水患、中美洲各国受飓风重创……很感恩慈济人!哪里有灾难,他们都会及时现前、尽心帮忙,发挥救人的良能,这就是菩萨。

有一句话说:"菩萨所缘,缘苦众生"。正因为世间多苦难,才需要人间菩萨;若没有苦难的众生,哪有菩萨呢?一切都是相对的。所以,我们要好好爱惜自己的慧命、珍惜这分缘——能得人身,得闻佛法,应培养慈悲、行于菩萨道上。

佛陀告诉我们:"心净则土净"。一念之间,就能遍游十法界。是不是要成佛、当菩萨?或是甘愿做凡夫、堕落三恶道?都只在一念"心"啊!

当我们看到众生遭受苦难时,因不忍心而身体力行去帮助,这个时候就是菩萨。然而,普天之下人海众多,有多少人肯发菩萨心?其实,当菩萨一点都不难,只要有心,每个人都可以成为"人间活菩萨"。

菩萨道看似绵长、难行,但是如果能勤于植好"因",结深好缘;我常说,只要缘深,不怕缘来得迟;只要找到路,就不怕路远。真正有心去走,再长远的路,都有到达的一天。因此,本书收录一九九〇年讲述之欢喜地、离垢地、发光地、焰慧地、难胜地、现前地、远行地、不动地、善慧地及法云地等"菩萨十地"的内文,希望大家做一位能帮助人的"人间菩萨",共为"净化人心"而努力;如此,则"人间净土"指日可期!

目录

出版说明	001
自序	001
第一地 欢喜地	011
第二地 离垢地	023
第三地 发光地	035
第四地 焰慧地	051
第五地 难胜地	067
第六地 现前地	083
第七地 远行地	097

第十地　法云地	159
第九地　善慧地	145
第八地　不动地	129
编后语	113

菩薩第一地

歡喜地

要做一位欢喜地菩萨，须具备什么条件呢？首先要培养欢喜心，也就是爱心、慈悲心。

学佛,一定要经过"菩萨十地"这十个阶段。"地"是基础的意思,第一个基础阶段就是"欢喜地"。要做一位欢喜地菩萨,须具备什么条件呢?

首先要培养欢喜心,也就是爱心、慈悲心;有了慈悲心,就愿意施舍。不管出力或是物质的布施,抑或以自己所体悟的道理去改变他人,都要从欢喜心和爱心开始,然后才能"舍得",包括舍出金钱、物质与时间。如慈济四大志业能够成就,就是因为有许多的护持者能生欢喜心,才有今天的规模。

不过,当然不是保持三五日的欢喜付出,就算是欢喜地菩萨;而是要经过长时间来考验。不只是这一世,还有无数的来生来世,都要常常培养这分真诚的欢喜心。

勤修"戒、定、慧"

如何才能保持欢喜心？那就要先息灭贪、瞋、痴。我们会有烦恼、情绪沉浮不定，都是由于不能满足而生起不欢喜的心念。人与人之间，常常会为了一些成见、分别心而产生不愉快。例如：对某个人起欢喜心时，不管对方有任何行为与要求，都会袒护他、为他说尽好话或答应他的要求，为他付出，甚至为他犯规、为他作歹……为什么呢？因为"喜欢"他呀！

相反地，若不喜欢某个人，就会对他心生怨恨。而纵然对方有很多优点与才华，只因为不喜欢他，就会百般挑剔或刻意忽略他，这就是一种怨憎心。怨憎会掩盖欢喜心，变成充满人我是非之心；而这些成见，其实都是从自己的"心"念开始。

学佛说来简单，只有两个要素：就是勤快与殷勤，又称为精进；也就是要勤修"戒、定、慧"。做什么事情都能有殷勤之心，就会很欢喜而不怕辛苦；不怕苦，就能保持恒常心，不断地精进。

"戒"，就是守规矩、防非止恶的意思，防止我们的心起贪念，对人没有怨恨，心不要被无明所染，这都必须以戒作预防，不令三毒（贪、瞋、痴）侵犯我们的戒行。心中有戒，自然不贪，也不会轻易对他人发脾气；能以"平常心"和"欢喜心"待人，自然就不会生起分别与怨憎的心态。勤于守戒，我们的心就能"定"，而不会任意受到人与事的牵引，行事就能掌握正确的方向。

"正"为我们的行事准则,不偏袒或故意压制某一方,内心没有惊惶、没有挂碍,就会有充分的定力。若能如此,烦恼就能减少,智慧自能涌现。智慧与烦恼是对立的,烦恼增加一分,智慧就减少一分;就像"秤"一样,一边减轻了,另一边自然较重。

所以说,修行就是这么简单的事:只要在日常生活中,时时培养殷勤的心和欢喜心;有了欢喜心就没有烦恼,有了殷勤之心就不会懈怠,并且脚踏实地精进,就能恒持道心,进入菩萨的初地,也就是"欢喜地"。

曾经有人问我:"师父,我有个把月的时间都没有发脾气和起烦恼了,这样算是'菩萨'了吗?"

行菩萨道不只是一个月,哪怕是十年、百年,都还不够，一定要尽形寿、尽未来际的时间不断地实践，才能到达目的地——菩萨的欢喜地。若是只有一两个月的时间，只不过是"欢喜地"的起步而已！

例如：佛陀的弟子中，阿难是"多闻第一"，佛陀所讲的教法，点滴都流入阿难的心中。不过，佛陀却对他说："阿难，虽然我所说的教法，你都听到了，但是，你真正的体会与佛法大海相比，只不过是指尖上的一滴水而已。"

从这句话，我们就能体会到：平时在降伏心中的烦恼时，究竟能维持多久的时间呢？其实，若肯下功夫就不难，最困难的是"时间"；若能恒久而不退转道心，那就没有什么困难了。

要起欢喜心也很简单，不过，如果是短暂的欢喜或有分别心的欢喜,仍无济于事。其实,人生的快乐就在于欢喜,有欢喜才有幸福。所以,为了我们的幸福,为了成就道业,一定要时时培养欢喜心。

有心与无心

但是,要保持欢喜心,有时候也会感到非常困难。就拿"定力"来说,要能不受环境的影响并不容易,像最近我就体会到失眠的滋味。

常常有人说:"我晚上都睡不着。好苦呀!"

我常会回答她:"我们是忙得没时间休息,而你竟然会睡不着,一定是想得太多了,把事情放下就会马上睡着了。"有一天晚上,我却被"无心"的东西所扰乱,以致"有心"而失眠。那天半夜十二点半左右,我忽然被一阵念佛声惊醒,对方念得好起劲、好认真!我心想:现在是几点了?是谁念佛念得那么认真?环顾四周,才发现原来是闹钟的念佛声。或许是我时间设定错误,才会在三更半夜里传出如此认真的念佛声。

本来我想去关掉它,但心里又想:可能它只响个五分钟或十分钟就会自动停止吧!我决定和它周旋看看,它无心、我有心,看我能不能在念佛声中,心很轻安而无挂碍地睡着。

结果呢?十分钟过去了、二十分钟也过去了……看看时间已经一点零五分了,它仍是"无心"地念下去;而我这个"有心"人,也很认真地一直听,听得心好烦啊!于是,我只好起身把闹钟的定时钮按下,念佛声才戛然停止。

心系臭皮囊

这件事让我想起,曾有一位修行四十多年的老修行者,平时若有信徒即将往生,他都会对人家说:"身体是一个臭皮囊。时间到了,就要把它丢掉、不要有挂碍,这样才能解脱。"并且请家属不要吵他、要赶快为他念佛。

但是,一旦自己这个臭皮囊将腐烂、坏死时,他一样会很烦恼、心放不下。

我去探望他时,对他说:"这就是你常常说的'臭皮囊'啊!不要把死看得那么重,专心念佛吧!"

他说:"法师,我过去也都是这么对别人说,可是现在真的很痛苦!你教我怎么放下呢?"

我说:"用念佛来转化心念吧!"

他说:"我也知道要念佛,可是,现在我真的念不下去啊!"

他临命终时,一些法师都围在他的身边念佛。因为他是"半路出家"的,他的俗家眷属——媳妇、女儿一直要靠近探望,而他虽然讲不出话来,还是一直招手希望他们过来。但是,法师们为了不让他的心受眷属牵绊而不得解脱,坚持不让他们接近。试想,这是多么痛苦啊!当一息尚存时,哪怕先前已有几十年的修持经历,到最后却还是放不下。

所以"有心"时,难免就有烦恼。

转凡夫心为佛心

我常说:"心、佛、众生,三无差别。"学佛,就是要转凡夫心为佛性,要把凡夫的烦恼心除去,必须经过洪炉的锻炼,才能锤炼出杂质而成钢,再制成精良的用具。

在清净的地方修行,不是真正踏实地学佛。唯有在复杂的人我是非中,才有机会让我们磨练与学习;环境越恶劣,越能练就纯良的本性。

凡夫心多烦恼,诸佛和菩萨的心则清净无染;因为佛菩萨已经达到"无染心"的境界,所以能显现清净的本性。就如上文提到的闹钟,它无心、我有心;无心的境界很自在,不管是不是休息的时间,只要设定的时间一到,它就开始殷勤地念佛。若觉得不需要时,把按钮按一下,它就会静下来,不会抱怨主人让它念得那么久,也不会埋怨:"你不要我,便把我按掉。"

但是,"人"就不一样了。如果有人正在用功念佛,旁人只是轻轻说一声:"你不要念得那么勤,执著于用功,而忽视该做的事!"

他通常会回答:"你嫌我太勤?好啊!我可以轻松一下。"之后若教他再继续用功,他就会说:"我不要念佛、拜佛了。"这就叫做"有染心"。

我们若能把"有染心"转变成"无染心"、把凡夫心转成佛心,就能时时殷勤、欢喜。欢喜心就是清净心,没有人我是非,没有"我所爱的人",也没有"我所怨的人";没有了爱与怨,就能时时保有清净的欢喜心。

欢喜心要尽形寿、尽未来际持续地培养,才能达到菩萨的"初地"。这说来简单,但是经过分析之后,实在也不容易,难在于需要有耐心和恒常心,有了它,就能转心念而逐渐显露佛性。

四大与人生

关于人生世间,我们所要认识的有"大乾坤"与"小乾坤"。大乾坤就是整个宇宙之间,天地万物包括季节气象,若有不调顺时,我们都会有特别的感觉。

例如艳阳高照时,就会感到很炎热。往往有特别的感觉时,就是"不调";没有什么感觉时,才是"顺调"。人们应该珍惜"没有特别感觉"的时段,才是真正健康、幸福的人生。如大乾坤四大调和时,我们不会感到特别热,否则稍微动一下就汗流浃背,让人很烦躁,这就是"火大不调"。

下雨天时,要外出办事就很不方便,这也是一种"感觉"。像这次澳洲的水灾很严重,从电视画面上看到,滔滔洪水已淹没了多少县镇乡村!这场水灾,不知造成多少人无家可归,又有多少的生命因而丧失?雨水造成的影响,轻者是外出不方便,重者造成家园流失,甚至生命的伤亡,这叫做"水大不调"。

再则"风大不调"。近年来常有超大型的飓风,吹毁了很多城市、县镇、乡村、农田、房舍,一阵强风来袭,便使得他们的家园满目疮痍,这就是

"风大不调"。花莲在一个多月前也有台风,瞬息之间大街小巷变得面目全非,水夹着风、带来大雨,整个铜门村庄就这样被毁灭了,这叫做"风大不调"。

还有"地大不调"。过去花莲曾发生规模四的地震,天摇地动,令大家饱受一场惊吓。而菲律宾竟然也曾经地震达到七点多,毁损了许多人命和豪华的建筑物。一些风景优美人潮不断的观光地区,也在瞬息间全部塌陷。

人的生命就在一瞬间被埋没了,有的人当场死亡,但也有奇迹出现,几天前的新闻报导提到,有一位厨师被埋在瓦砾堆中,正巧有一个缝隙能呼吸,就这样过了近十天;他不仅活了下来,而且只受到轻伤。问他是怎么活下来的?他说是靠雨水。人可以几天没食物吃,就怕缺少水分,有了水分,生命就能维持下去。

看看一场震灾,当地不知丧失了多少人命与财产,几十年的经营同样毁于一旦,这称为"地大不调"。

以地理学来说,地层并非整片都是平的,而是一块块的地块连接堆叠而成,地块会受气候影响,地热温度较高时,就会膨胀起伏而引起摩擦;天冷时则会收缩,内部就产生缝隙而引起震动。

善用健康的时光

在志工早会时,我问医院的志工,这几天有没有看到什么特殊个案?有一位志工菩萨对我说:"师父,我看到一个老人好可怜!她气喘,喘个不停,医生一直在照顾她,一直检查、换不同的药,还是一直喘。她的孩子在一旁陪伴也不知如何是好;病人辛苦,照顾的人更辛苦,医生也是无可奈何。"可见不论是大乾坤(天地)、小乾坤,(身体)只要顺适,则是健康而幸福的。

所以,我常对志工说:"你们平时会感觉到呼吸是这么困难的事吗?人生最宝贵的时光就是在没有特别'感觉'的时候,这也是最健康、最幸福的时候!若是感觉到身体某个部位不适,那就是它有了毛病,才会发出信号让我们'感觉'到。"

人生真正要学的,就是要学得轻安自在,不要有异样的感觉,这就是幸福。若能善用健康的时光,珍惜生命的使用权,就是有价值的人生。

我们要行菩萨道,一定要保持欢喜和殷勤,这是进入菩萨地的初阶,也就是第一欢喜地。因为欢喜就是幸福,快乐就是菩萨;面对一切境界,都能欢喜快乐、不计较人我是非,就是菩萨的初地。

歡喜地

歡喜地

歡喜地

歡喜地

菩萨第二地

离垢地

每个人的内心都应该像一座宝库。
法语甘露要拿来自我净化，
心中不要储存人我是非。

"离垢地"就是很清净的境界。何谓"垢"？也就是垢秽——对人我有分别心，自以为了不起，总是认为：我的学历比你高，什么都比你强，愈比愈觉得自己高高在上；像这样，心就会常常有垢秽染著。心地若能净化，去除这些杂念，才能进入"离垢地"。也就是心田中完全是纯净的好种子，不要掺杂一些不好的东西。

人之大患在于身

若能以智慧来观察大乾坤(天地)及自己的小乾坤(身体)，就会发现：我们这个小乾坤，并没有什么了不起。世间最污浊、最臭秽不净的就是这个身体；同时，也是最不保险、最不安全的。因为不论是社会、国家的动乱或山河大地的"四大不调",都对人们有最直接、最大的影响。

例如一有"大地震"时,大家就会赶紧逃避。为何要逃呢？因为怕大乾坤的地大不调,会使我们这个小乾坤受到伤害。小乾坤的"地大"就是筋、骨、肌肉等硬质的东西；这些筋骨组织再强健,也抵不过山石泥土的巨大力量,所以,我们会怕大乾坤的变动或是人为意外的变故。

例如,一位在慈济医院急诊室服务的志工,就曾提出一件个案。她有一次在值勤时,救护车送来了一家人。他们开车出游,车子忽然在半路上爆胎,先生紧急煞车后,方向盘失控、撞上路边的民房。结果,不仅整部车全毁了,一家五口也都受了重伤。

我问她："看到那种景象,你会害怕吗？"她说：

"不会。不过,觉得人生真是无常!好端端地坐在车上,怎会想到车子忽然会爆胎呢?在刹那间,一家五口就这样遭受到伤亡的惨祸。"这的确可以让人体会到人生无常;若是换成比较胆小的人,看到那种血淋淋的场面,一定会受到相当大的惊吓。而慈济志工的确是"仁者有勇",令人称赞。

在环保工作中,最怕的就是医院里的废物。因为医院是细菌最密集的地方,而且被处理掉的病变坏死肢体,脓血烂臭、污秽不堪!所以说,人间最脏的东西就是这个身体。

由于我们的身体如此污秽,心念又从外面染著一些人我、是非的烦恼,以致对清净的妙法不能领纳。其实,每个人的内心都有一座储藏宝藏的宝库。可是,很多人都把宝库当作垃圾桶使用;对于日常生活中能够净化人心的清泉甘露,反而不会拿来运用或储存在宝库里,只是储存一些人我是非、贪瞋痴的垢秽。

无垢染的欢喜

这些垢秽若是充积于内心,就算"欢喜"也是一种垢秽,比如:"中了奖券,中了六合彩!"或是"股票又涨停板,买的地涨价了!"所欢喜的都是这些投机、泡沫不实的东西。想想,这样的欢喜是清净的吗? 不是。倘若隔天股票跌停板,一下子又转喜为悲、啼哭不止了。

台中有一位会员,说他母亲很担心他去玩六合彩。因为怕他中奖时就笑个不停,若是"扛龟"则又哭个不停。有了笑不停的欢喜,就有哭不停的烦恼,这就是有污染的心——贪心。真正的菩萨所拥有的是"清净的欢喜";虽然还有那分"人伤我痛"的烦恼,但并不是因为自身的得失烦恼,而是为了悲悯众生的烦恼。

所谓"烦恼即菩提",虽然菩萨也有烦恼,却是发了菩提心的烦恼——先天下之忧而忧,后天下之乐而乐;只要痛苦的人能得救,他就很欢喜,这叫做清净、没有烦恼的欢喜,像这种没有染污、没有人我是非,而且恒久的欢喜,才能称为"无垢地菩萨"。

菩萨心并不只是发心、热心,菩提心易发,恒常心难持。我们要把易发的菩提心化为恒常心,不只在今生此世,还要尽形寿和尽未来际,都要抱持这分心。

所以,学佛要先看透世间之理。大乾坤有四大不调,小乾坤也是刹那无常,有什么好计较的呢?我们只需好好地清净心地,不要让它蒙上垢秽污染,并时时抱持着欢喜心和清净心,这样就是进入第二阶段的"无垢地菩萨"了。

不改初衷恒精进

每个人都应该时常自我反省——今天的所作所为,是不是像个菩萨?今天的心是否很清净?有没有卷入人我是非?天天把它记录下来,一个月后再翻出来看:第一天、第二天欢喜,第三十天是否同样欢喜?第一天身心清净、没有人我是非,第二天也很清净……所保有的是"看到别人欢喜时,我就很快乐"。二十九天都是如此,第三十天是否还是如此？如果第三十天仍不改初衷，那么这个月你就能画上一个圈圈，代表你已经做了一个月的初发心、无垢秽的菩萨。

但不是只做一个月的菩萨而已，要把这些圈圈持续地画下去，画满一年十二个月。当中是否有三角形或打叉的符号，就要以良心来自我约束。一年过后，若有十二个圈圈的话，那时候你才可以说："我已经当了一年的初发意菩萨了。"

其实，要当菩萨是很容易的，并不是会"飞天钻地"才是菩萨；只要改革自我的内心，就能逐渐进入菩萨的境地。总之，还是要人人多发心，好好保持这股清流；并将无污浊的心，应用在日常生活与待人接物上。

離垢地

離垢地

離垢地

離垢地

菩薩第三地

發光地

心就像鏡子一樣，若被污染了，
清净的智慧就无法显现；
学佛是要净化自他、显发智慧光能。

现代社会的教育，必须经过一二十年的学习，才能达到比较深入的程度；学佛亦然，要从凡夫到达成佛的境界，更需经过长久时间来学习。

净化心地，自照照人

前面说过修学菩萨的心地，要经过十个阶段。第一是"欢喜地"，要时时播撒欢喜的种子；不要把不如心意、埋怨、厌恶的种子放在心上。如果讨厌某个人，就等于种了一颗"怨嫌"的种子；对一个人产生恨意，就多了一株恨的祸根，将来就会产生障碍，所以要去除这种心态。时常培养欢喜心、结欢喜缘，得"欢喜地"。

第二是"离垢地"，即心地常常保持纯净、没有杂念。修学尽管有八万四千法门,但是,我们要选择适合自己的方法,专心深入一项法门,不要人云亦云;人生有多少时间能任由我们东挑西选的呢?又有多少时间可以样样都学,把时间挥霍在走马看花之中?

像现代的科学也分得非常精密微细。单就医学而言就分很多科,每一科都非常精细;这无非是因为生命短暂,可以学的东西确实很多,为了"学有专精",不得不分门别科。学海无涯,而佛法所涵盖的更是广大无边,所以我们学佛要专心一意,若能如此,心地才能远离垢染,这就是第二阶段——持心清净无染,得"离垢地"。

第三阶段是"发光地"。一面镜子若是蒙上一层污垢,就无法清楚地映照出人的面貌或景物。

我们的心就像镜子一样,心若被污染了,清净的智慧就无法显现其良能效用。学佛,就是希望我们的心地能发光(智慧光能);而且不仅能自照,还要照亮他人。

有人说,现在的社会很"黑暗"。其实,这里所讲的"黑暗"是指人的心地黑暗,也就是本性中的智慧光明无法显发出来。不仅没有照到外面,也不曾返照自心,因此会感到迷惑不安,这就是凡夫。

凡夫本就具有佛性,只是被无尽的欲望所遮蔽,因此无法发光;若要使它发光,唯有修学坚忍美德,才能断除迷惑。因为我们往往无法忍受境界的诱惑,所以容易生起迷惑。

生忍与法忍

谈到"忍",学佛者要具备两种忍:一是"法忍",一是"生忍"。发心修行者,必须修"法忍";为了求法,必须立定心志下苦功,为法忘躯也在所不惜,不要常常存有"小我"的私心。

例如礼佛时,不要只是想:"天气这么热,稍微拜一下就会流汗。晚上已经沐浴过,不要再拜佛了;以免拜完后又汗流浃背,很不舒服。"其实,如果有心希求佛法,就能忍受"流汗"的麻烦;反之,就无法去除"我"的存在而见佛性。

有的人刚发心要修行,就想找个较清闲的道场——环境好,周围干净、没有蚊蝇,职事又不会太忙、不用做很多工作,认为这样的道场才适合修行。其实,佛弟子应该为法忘躯、难行能行,难忍能忍,才是真正能为法坚忍;也才称得上是修行。佛理深无边际,不增不减,不生不灭,要能透彻理源,必须安忍无悔,这就是法忍。

再来是"生忍","生"就是生活。为了生活,我们必须忍苦耐劳。又如我们所帮助的阿公、阿婆、孤儿寡妇或是贫病交迫的人,抑或遭受天灾人祸的苦难众生,都是在生活中受尽苦难,虽是无奈,也得堪忍!

以前,我常亲自下乡探访"照顾户"。有时候远远的就有人指引我们:那一间屋子就是某某人的住所。看他们住的房子,会感觉到还不如一间鸡寮或猪舍。这哪像人住的地方啊!要进屋内还要弯着腰、半蹲着才能进入，一进去往往就看到阿伯或阿婆病倒在床。他们就在这样的小屋里，度过了几十年的岁月，的确很无奈，但也不得不忍耐啊！

相反的，有的人犹如置身天堂。他们住在高楼大厦里，每天搭电梯上下楼，就像腾云驾雾一般。只要用手指按个钮、门一开就到了，这也是一种生活环境。他们夏天有冷气，冬天有暖气，但是，是否过得比穷人快乐呢？不尽然，因为人心总有追求不尽的欲望。

有句话说"人心不足蛇吞象"，大象那么大，小小的蛇却想把它吞下去。这就像凡夫心，贪欲无穷，欠缺了一分"忍欲"之心。

金银与毒蛇

在佛典上曾经提到：有一天佛陀在行进间，忽然转头对阿难说："阿难，毒蛇！"阿难赶紧朝佛陀指的方向看去，随即接口说："佛陀，毒蛇！"然后，师徒二人就很安然地走过去。

后面正好有一对父子在工作，听到佛陀和弟子的对话，就好奇地向前查看。一看，父亲对儿子说："这哪是毒蛇？是黄金、白银哪！"父子俩欣喜万分，赶紧将那些金银搬回家。

经过一段时间，他们拿出来用时，却被人抓了起来。因为那些黄金、白银属国库所有，是被强盗抢走、暂时放在那个地方的。由于库银上面都有封印，因此，这对父子拿出来花用时就被人发现了。

当时盗取国库要被处死,他们就被带往刑场。临刑前,父亲对儿子说:"儿子,佛陀说那是'毒蛇',的确没错啊!"

儿子也说:"对啊!那真的是毒蛇。我们已经被蛇咬了,而且必死无疑。"

这个国家的国王及大臣们,都笃信佛教。执刑的官员,忽然听到这对父子提到佛陀的大名,就赶紧向国王禀告、说明。国王听了,立刻派人把他们带来,并问:"你们为何提到佛陀的名字?"

这位父亲回答:"发现金银那一天,佛陀指着那堆金银说是'毒蛇',他的弟子深信佛陀的话,也说是毒蛇。我们父子不知原委,眼看明明是一堆宝藏,就把金银搬回家。现在,我们终于相信佛陀所说的话；但是已经太迟了。"

国王听了，了解这对父子并非直接偷盗国库的人，而且他们已觉悟佛陀说"贪欲如毒蛇"的道理，于是赦免了他们的死罪。

忍苦去贪，为法忘躯

在小说或电影里，也常有为了一张"藏宝图"就互相残杀的场面，为此不知牺牲了多少条人命？这都只为了一念"贪"。其实，到头来还是一场空。即使真的发现了宝物，生命却不知能否保得住？

由于佛陀与阿难已经超越了凡夫地，了悟世间的金银宝藏就像毒蛇；因此能够解脱自在。而凡夫就会把这些东西当成宝贝，所以很容易被这些毒素所侵。这也是缺乏"忍"的功夫。众生为了财物利欲互相侵害,学佛者需忍人所不能忍;这就是生忍。

我们若有一分坚忍的心志,不只能得"法忍"为法忘躯,也不畏辛劳,必能克服万难殷勤精进。一般人也要忍下心中的欲念,不要为了物欲而不择手段去夺取,甚至伤害别人。在现实社会中,抢案时有所闻;不但抢夺东西,还伤害人命。但是这些东西,到底能用得了多少呢?何况能够逍遥法外的人,实在少之又少;就算能逃过人间的法律,将来还是逃不过"因果律"。

所以,要使我们的心地发光、智慧光明显现,就要懂得坚忍的道理。才能进入菩萨的第三阶段,也就是"发光地菩萨"。

發光地

發光地

發光地

發光地

發光地

菩萨第四地

焰慧地

要使智慧光芒四射,必须断除疑惑!

八万四千法门,只要一门深入,都能有所成就。

修学佛法,最重要的在于一个"心"字;也就是从心修起,而表现在行为上。但是心性无形,到底要怎么修持?

修心即修改不好的习气

所谓"修心",是不是修我们身体内的"肉质心"呢?其实不是。人的器官,只不过是具有功能、感觉而已,真正要修的是我们思想的根源,与肉质心——心脏器官毫无关系。如某人心念不好,就是换个心也改变不了他原本的观念,他以往的习惯依旧会存在。

记得几年前,台大医院曾经有一位五十多岁的患者,她需要动心脏移植手术。当时有一位年轻人车祸往生,经家属同意,医师就把年轻人的心脏移植在妇人的身上。等到她恢复知觉送到普通病房时,大家问她:"你平时最爱吃什么?"

她说:"我住在澎湖,最爱吃海产,还有竹笋。"虽然这位妇人已经换心了,但是仍带着过去的喜好、习惯。从这里就可以证明:"修心"不是修人体内的肉心,而是要改变凡夫患得患失的思想和习气。

在修学佛法的过程中,不能脱离菩萨的轨道,而菩萨有等级的区分。要培养欢喜心、喜舍心,才能登上"初地菩萨"的境界。

舍,要"舍得欢喜",若是因为一时的欢喜心而舍出去,之后却越想越舍不得,换来了一身烦恼,这些烦恼就是"垢"。有了垢秽,就像一盏灯蒙上了一层雾;又如眼疾,眼前忽然有小黑影遮住,但并不是东西变黑了,而是眼睛出了毛病。同样的道理,我们的心有了烦恼,就会遮蔽智慧的光明;为了发挥智慧,将光芒照亮人间,所以要勤拭"心"镜,恢复鉴照的功能。

初地之后,仍必须时时精进,然后才能进入第二"离垢地"。就像我们爬楼梯,爬了第一阶再爬第二阶、第三阶……

欢喜心就是"布施";清净心就是"持戒"。我们的心若没有贪执和污染,就不会犯戒,自然能够散发出清净的光芒。像玉石要经过琢磨才能显现美丽的本质。要成为第三地菩萨,就得学习忍力,因为布施就得割爱,持戒也需要一番毅力,这都要禁得起一个"忍"字;具足为法忘躯的"法忍"及日常生活中的"生忍",这样心地自然会清净、光明,所以第三地称为"发光地"菩萨。

第三地之后,接着踏上第四阶——"焰慧地"。"焰"是光明四射的意思,不只是智慧光明返照自身,还要将光芒向外发散照亮。若能登上"焰慧地",就能到达明净的彼岸。

台北每逢庆典时,就会有放烟火的庆祝活动。站在比较高的地点,就可以看到烟火冲向天空后,爆出各式各样、五光十色的火花;烟火发射到很高很远的地方,它的光亮,即使再远的人都能看得到。

舍弃名利我相

修行的确需要忍耐,这种忍耐并非只在一时,而是要恒常的时间都能忍耐、精进,才能有所成就。若有人说:"修行要忍耐,只好多多少少忍一忍。"这种忍是短暂的,一旦忍不住了就会退步,这样如何精进呢?真正要使我们的智慧发光、光芒四射,就要再加强毅力与忍耐力,两者非常充分,智慧自然光明。

由生忍而法忍,先由人与人之间开始,不从别人的脸色或工作上起分别心。不要想:这么辛苦、卑微的工作为什么叫我做?我是执笔办公的人,你却叫我拿扫帚扫地?真是大材小用!像我这么好的人才,你却叫我去厨房拣菜、煮饭。若一直觉得很委屈,为自己抱不平,这样的心态怎么能精进呢?

修行,要先舍弃社会上的"名利我相"。做任何事情,都要从基础做起、耐心去学,否则绝对无法进步。例如：若想享受品茗之乐，必须先学习如何烧水、泡茶，这就是从基础开始学茶道。除此之外，还应该知道水源从何处来，茶树如何种植、采收、烘焙等等……若能这样按部就班地踏稳每个脚步，就能不断进步、充实智慧的功能，进而达到"焰慧地"的境界。

总而言之，不论处在什么环境，都要下决心去适应，并以发光地的生忍、法忍为基础，不断地再精进，才能达到"焰慧地"。

断除疑惑，坚定信念

要使智慧光芒四射，有一项很重要的前提——"断惑"！惑就是迷惑、疑惑。凡夫都有疑心，为什么会有疑呢？因为我们的智慧还没有具足显露。

同样是修行,有的人说:"念阿弥陀佛,直到临终一心不乱,弥陀、观音就会来接引,就能即身解脱,所以要赶快念佛"。有的人又说:"念佛要念到什么时候?最后还要等阿弥陀佛来接引,倒不如修禅,靠自力,不用靠他力,坐禅就可以自己得解脱!"

其实八万四千法门,只要专心由一门深入,最后都能有所成就。就怕有人三心二意,原本修持念佛法门,可惜念佛持名的工夫,已经念到举手投足都是一声阿弥陀佛;不小心滑了一跤念"阿弥陀佛",欢喜时念阿弥陀佛,烦恼时也念阿弥陀佛,好不容易培养到脱口而出都是佛号的程度。但是一听到别人说:"这是靠他力、靠佛力,这样不保险!

我们还是来坐禅比较好。"便放弃念佛法门,改修坐禅。这就是自己的信念不够坚固。

有的人又因信念的偏差,认为:念佛既要念得一心不乱,所以世俗事都不要涉入,这样才能解脱。但是,他却忽略"善根"与"福德"要平行,而慈济的菩萨道正是"福慧双修"的法门。

有些人说:"你们光是做慈济,就像小鸟用一只翅膀在飞!"

我说:"如果小鸟用一只翅膀就能飞,那只鸟就是神鸟!这已经超越凡间的境界,不是普通的鸟。"

其实,做慈济的志业也是修行的法门之一;是"福慧双修"的菩萨行。看看慈济的委员,虽然天天做得很辛苦,心中却充满喜悦。

我们若能对所做的一切都不求回报,心中就没有污染,只有清净的善根,这就是"无垢"。既然能欢喜又心无污染,智慧也就能具足;再加上精进不懈,以恒常心、一心一志对治三心二意,自然能时时散发出智慧无染的大爱。

我常说,业来的时候要"欢喜受",委员们知道"如是因,如是果"的道理,所以每天心无挂碍,精进地做利益社会的工作,所发挥的就是"焰慧"的功能;这已同时在培养善根、福德,为何说慈济人像用一只翅膀在飞的小鸟呢?

忍而无忍,自利利他

总之,精进就是要破除那分"迷惑";不要只是想着:我要怎么修,才能得到解脱?其实,平常的付出就是在修行了。时常欢喜待人,就是在修养自心;如果对人不能起欢喜心,任由怎么修,还是一样会困在迷惑中、有"人我是非"的烦恼相在。

可见精进是要达到"修而无修、忍而无忍"的程度。不要说:"我对你已经很忍让了!"这就是还有"我相"的烦恼在。要修得很自然,比如,有人为我们打抱不平说:"刚才他回应你那番话,难道你不生气吗?"自己就要想:"我觉得他刚才讲那些话很平常,有什么好生气的?"若能忍到面对任何境界都不起心动念,这才是真忍、才是真正的精进。

所谓"修而无修",就是不必执著"我要怎么修?"就像驾车技巧纯熟的人,当前方有来车时,会很自然地闪过,而不会把方向盘抓得紧紧的。飞机驾驶员也是一样,若技术很熟练,飞行时只要启动按钮、顺着仪器操作,他在高空上照样能够谈笑风生,非常安然自在。

我们修行,就要和那些驾驶员一样,要不断地向前精进,但是一点也不紧张和多虑。若能修到什么都不挂意,就是"修而无修、忍而无忍"的境界,自然能"心无挂碍,无挂碍故,无有恐怖",这就是断"修惑"。智慧的本性自然炽盛、光芒四射,这就称为"焰慧地菩萨"。

我们要好好地培养这四个阶段的心地,这样菩萨地就很容易达成。学佛是学习一颗菩萨心,大家要好好追求心的根源——要达到"修而无修",才是精进行。

焰慧地

焰慧地

焰慧地

焰慧地

菩薩第五地

難勝地

学佛要修习「禅定」,如何让心定下来呢?要将心镜「时时勤拂拭,勿使惹尘埃」。

学佛的因缘确实很难得,佛教中有一句话:"人身难得今已得,佛法难闻今已闻,此身不向今生度,更待何生度此身?"

要得到这个人身,在六道轮回中确实很困难;得到人身又能听闻佛法,更是不容易!有人很有心想深入佛法、依循真理,但也要因缘具足才能如愿。今天我们有福亲近佛法、实行佛陀的教法,是多么有福啊!所以更要知福、惜福。

菩萨人间化

学佛,要学习当人间的"活菩萨",学"生活中的佛法";将佛法应用在人与人之间,将菩萨"人间化"。学佛要先行菩萨道,要如何才能"即身成菩萨"呢?必须一层层、一步步地向上迈进。

世间一切的苦恼,大都因瞋恨而起;小则影响个人,大则波及整个家庭、社会、国家。

记得日本广岛和长崎两地,五十多年前分别被美国投掷了一颗原子弹,使得当时整个广岛像座废墟一样,死了几十万人。几年前,世界环保单位去当地勘察,发现尚有原子尘存在,而它所导致的病变还在陆续出现中。一颗原子弹的威力,竟然造成如此重大的惨况和苦难。现在则出现更厉害的化学、核能武器,多可怕啊!

这些苦难的罪孽,究竟从何生起?完全起于人们的愚惑无明,而起贪瞋痴毒念,才会演变成残酷的心态,甚至会毁灭人间的幸福。所以,学佛人应去除贪瞋等毒念,每天都要殷勤培养欢喜心,接受当天的人与事,唯有勇于承担,才能付出无所求而得轻安欢喜自在,成就初地菩萨。

另外,无烦恼,无挂碍则是第二"离垢地"。离垢等于"持戒",做人的规矩要好好把握,心镜要勤于擦拭;把心镜擦得雪亮,就能照出世间一切的真相。

无垢污的心地就是"发光地";此时,我们的智慧就能发挥在人与人之间。除了能照耀自己心地的黑暗之外,还能照耀人群,这就是第四地"焰慧地"。

慈悲济世的精神就像一股清流、像长夜中的一盏明灯。凡是有心人,自然能洗涤自我的烦恼,学习教富济贫,使得人人快乐,这就是智慧的功能已经照耀于人群。

禅定与断惑

接下来是第五"难胜地"。真正想要学佛就必须步步上升,套句现代人的话,称为人格升华。何谓"难胜地"? 也就是"六波罗密"里的"禅波罗密"。学佛要修习"禅定",心能定下来,就能达到禅的境界。如何让心定下来呢? 要断除"思惑",将心中的明镜"时时勤拂拭,勿使惹尘埃",而且不是一曝十寒。

比如:看到东西发霉,天气正好艳阳高照,就赶快把东西拿去晒一晒,之后又把东西收藏起来,时日久了再拿出来,还是同样会发霉,这样就达不到效果了。

若能时时用心观照,就能常保平静,也就没有利害得失的挂虑,常常处于"定"的境界中。但是,修行不只是学坐禅而已。其实,"禅"的真正定义为"正定"。正,就是不偏差。心要时时守住"诚与正",绝对不可"想的是一回事,说的、做的又是另一回事";若是如此,就缺乏信用了。

孔子曾说:"人而无信,不知其可也。大车无辀,小车无轨,其何以行之哉?"做人的基础若是少了"信"字,就像古代的车子少了主轴一样,根本无法行走。人生的道路要走得很平坦,就不能缺少"正信"。没有正信,行为容易有所偏差。所以,学佛要修得"禅波罗密"。

修行若是达到禅的境界,则担柴运水无不是禅,举手投足无一不是禅。过去有一位修行者,请教一位祖师:"如何才能达到禅的境界?"祖师只回答他一句话："无烦恼。"但是，他一直参不透是什么意思。

有一天，他正打坐时，祖师从那儿经过，就拍拍他的肩膀，问他："你在做什么?"他抬起头来说："我在坐禅练功夫啊!"

祖师说："你坐禅练功夫要做什么呢?"

修行者回答："要成佛啊!"祖师听完，未发一言就走了。

过了几天，祖师端了一盆水来，然后在大粗石上磨砖；他坐在庭院里很认真地磨着那块砖。修行者看了觉得很奇怪，趋前问道："和尚，你为什么在磨砖呢?"

祖师就说："我要把砖磨成镜子啊!"

修行者说："砖只会越磨越薄，怎么可能磨成镜子?"

祖师微笑说:"既然砖不能磨成镜子,那你坐禅又怎能成佛呢?"

虽然这只是一则小故事,里面却充满了哲理。学佛不只是坐禅,一味坐禅非但不能解脱,也不能成佛。

真正的学佛,是要修练我们的心,在任何境界下,都要能保持一分定力。时时刻刻都很清净,对于任何境界都不起烦恼,这才是真功夫。

真空与妙有

学佛人想登上"难胜地"则必须断惑、断烦恼,并且要了悟"真俗二谛"。何谓"真、俗"二谛?以物质而言,它在佛理中,可以从"有"分析到"无"、把"整化为零";因为它是四大假合的物体,从真谛来讲,到了最后就是"真空"。但是,我们也要回复到俗谛,因为我们生活在人间,所以,要了解物质"化零为整"的功用,它可以把没有的东西组成有的东西,这称为"妙有"。

因为若只是谈"真空",则容易陷入"断灭空",认为一切都空掉了,还计较什么呢?观念偏差的人就会说:"既然都是空的,那造恶有什么可怕呢?造善又能得到什么呢?"如此变成造恶不可畏,造善也没有可喜之处,这就大错特错了!

在"真空"里有"妙有"的存在。我常说:"种子如毫芒,它很小,却可长成一棵合抱的大树。""因"明明是有的东西,就像种子里面蕴含着生命一般,可是整棵大树的形状并非包藏在种子里面,这就是"真空";一旦种子与土壤、水分、阳光等因缘和合之后,那颗种子就会长成一棵大树,这就是"妙有"。

而"俗谛"就在妙有之中,随着因缘而"化零为整";因为"有",就得好好把心修好,避开"有"的障碍。人并非一生下来就有烦恼,而是受到环境的染著,增长了无明烦恼;也不是每个人都缺少欢喜心,其实欢喜心也是自己培养出来的。修行就是在培养这一念心,才能常常欢喜自在,不被境界所转,这样就是"禅"。

我们对"真俗二谛"若没有障碍,不相互冲突,就可以体会到"真空"的道理。

譬如:修行者既已出家,追求真理,就应以佛法的真理引度父母,使他们蒙受法益得安乐,这是出世的大孝。在家人则是给予物质的回报,这就是"俗谛",世俗的孝道。兼顾这两种孝道是我一直提倡的,这样真谛、俗谛就不会相互冲突,可以成就真俗二智。若能推而广之,在菩萨道上做到"难行能行,难忍能忍,修而无修",到达自在解脱之时,就能达到"难胜地"的境界。

不过,要经过这些阶段并不容易,因为凡夫心随时都在动摇,有的人有很好的修行环境,但是,才刚安定下来,又经不起一颗小沙粒的撞击。所以,必须具足毅力与勇气,才能顺利地迈向第五地——难胜地。

難勝地

難勝地

難勝地

難勝地

難勝地

菩薩第六地

現前地

如何才能達到「現前地」的境界呢?这得成就「慧波罗密」,学习「大智若愚」。

前面已分析到第五地。为了让大家加强印象,我们再来回顾一下之前所研习的部分。

回首来时路

第一是"欢喜地"。难得人身,来到人间应欢欢喜喜地过一生。但是,人生不如意事十有八九,在一生当中都能保持欢喜心很难;就是因为难,所以才说是"修行"。

要修得天天欢喜,就得下一番工夫,必须发大心、立大愿才行。首先,要先给别人欢喜。若能天天以欢喜心待人,并给予爱的布施,使得人人自在欢喜,自然我们也会感到无限欢喜。

第二是"离垢地"。垢就是污浊;有形的指外在环境的垢染,无形的是指个人内心的烦恼。烦恼心就是无明,就像污染环境的垃圾,当看到周围的环境很清净时,就会起欢喜心;反之,就会起烦恼。因此,我们必须去掉这些垢染,才能时时保持欢喜心。

有一位离开台湾很久的居士,他返回台湾之后,好几年都没看到我,当他再度来访时说:"师父,这里进步好多!医院、学校和我离开台湾之前完全都不一样。尤其是精舍,感觉上也不一样。"我就问他:"精舍一直都这样,你觉得有什么不一样?"

他说:"周围都是绿地,一片绿油油的,没有杂草丛生。"

他又说:"要让一片草地绿油油的,而且没有任何杂草,需要付出很大的代价和辛苦啊!这一点我在美国有很深的体会。"

因为他自己有一片小小的庭园,要照顾得没杂草又很青翠,就得付出很多的时间、体力,非常辛苦。看到精舍周围都是绿油油的、没有杂草,可见已付出相当多的心力。

同样的,修行平时就要用心拔除心草,尤其是人与人之间,要常常培养欢喜心,有了欢喜,就表示心无烦恼、心地一片善良,这就是"离垢地";当这些心灵垃圾完全去除时,那就成为"发光地"了。

云开见月现光明

每个人都有一分智慧的光明本性,只是常常被无明所遮蔽,而无法显现智慧的光芒。譬如:天上的太阳被乌云遮住时,它的光芒就透不出来;等到乌云散去后,太阳又会露出脸来。所以,在日常生活中,我们要时时拂去无明的烦恼,才能"云开见月",看清眼前的一切景象。

"发光地"之后,再来就是"焰慧地"——不只是自己的心地发光而已,还要能光芒四射、照耀他人。学佛不是要当自了汉,还要利他,要尽我们所知的一切去教导别人;就像以手中的烛火,再去点燃其他的蜡烛一样,使光芒得以照耀每个角落。

第五地是"难胜地"。难胜地是非常殊胜的,必定要达到心不动摇的程度,而且不只是短暂的时间。

佛经中曾记载佛陀来回人间八千次。他在每一生、每一世中,都抱着长久心,不断在人间行菩萨道、为人群服务,为的就是要消除众生的烦恼,让人人幸福、欢喜、互爱。

凡夫之所以无法成佛,就是因为内在的欢喜善念、满足感恩的时间很短,要我们奉献一生好像就很为难了,何况要如佛一样往返人间八千次!但是,不容易的事却能做到,这就是难行能行。

其实,修行并没有什么特别的功夫,最要紧的就是把起心动念、喜怒哀乐的情绪稳定下来,把短暂的私情、迷情换成为菩萨的觉有情。这种难为能为,称为"难胜地"。

现前地与慧波罗密

菩萨的第六地是"现前地"。例如:一面擦得十分洁净的镜子,不管它所照的外境是多么污浊,只要境、物移开后,这面镜子依然十分洁净;就像世间的喜、怒、哀、乐已经影响不了修行人的心,所以面对周围的环境时,即能了然分明,这就称为净性"现前地"。

如何才能达到"现前地"的境界呢?这就要先成就"慧波罗密",亦即"大圆镜智"。要修到心如明镜的境界,就要断"见思惑"——见解和思想上的疑惑。在修行道上,难免会有执著。比如:执著自己已修到某种程度,自认是个心地清净的人,因而与人隔离,认为对方是个受污染的人,多数人都会起分别心。其实,这样的分别心不能有,应当"境来照境,离境则清净",这才是真正现前地的菩萨。

心镜无杂染,才能观照其他的境与物。就如老式照相机的原理,一格底片上已摄入景物,如果没有把底片卷过去,下一次所拍摄的影像就会重叠。所以,一定要记得卷过底片,每张照片才能清晰明白。因此,过去的事,不要让它的影子留置在心中;才能时时清朗、没有人我是非的牵绊,这就称为"现前地"。

要断惑、返璞归真,才能发出那分最清净无染的智慧,而没有染、净的差别;这就是智慧的明朗境界。我们都具有天真无邪的本性,但是每天累积来自社会的各种信息,久而久之就变得很老练,这种"老练",其实只不过是"世智辩聪"而已,应该回归纯朴的心境。

大智若愚见真性

有些人自以为懂得很多,听到别人在谈论一

件事,对方还在说前面,他就赶快插嘴,要让人知道"你们所说的我都知道,我懂好多耶!"这样的人只是"聪明"而已,事实上缺乏圆融的智慧。我们学佛要学得"大智若愚",真正有智慧的人,总是沉着稳重的。人生的经验是用心听来的,听了再用心运用于日常生活中,这才是真正的智慧。真正有才华、有智慧的人必然言行一致,让人信任肯定,这才是有修养的人。

学佛,不应有先入为主的观念,否则真实的景象就无法照映出来,明净心灵——大圆镜智也无法显现;这就失去真诚修行的意义了。若是修到心镜能清楚映照生活万象而不起心动念,就能日日欢喜、心地清净,使智慧发光,并且把光芒照耀他人,进而达到"难为能为"的境界,也就是"现前地"菩萨的境界。境来照境,境离心净,不至于被迷惑!在六度之中称为"智慧"。大家若用心精进,必能日起有功。

現前地

現前地

現前地

現前地

菩薩第七地

遠行地

如學習佛法,必須體會「施用方便」,平時即以「用慈施悲」的心來自我教育。

菩萨十地行,前面已谈到第六"现前地"菩萨。"现前"就是智慧现前,遇到任何境界都能一一判断分明,不会受人事纷扰而混淆自己的心地。前面六地,配合了"六度"波罗密——布施、持戒、忍辱、精进、禅定、智慧。

远行地与方便波罗密

第七"远行地",则是成就"方便波罗密",就是心和境接触时能观照得很清楚,但又"即境不染心"。

心中若有所执著、烦恼,修行就不能轻安自在,也就无法再进步。就像自己绑着自己的脚,自闭于门户之内,因而无法体会外面的境界,智慧也就无法开启。

学习佛法、成就佛道,必定要体会"方便法",且要"施用方便"自如无碍;方便法是教化众生、成就道业的一种工具。这里说成就"方便波罗密",波罗密是"到彼岸"的意思。比如我们若想从此岸到彼岸去,必须使用交通工具——船,才能如愿;船就是渡到彼岸的工具。

我们要渡过烦恼河,不但要自度,还要度人。所以,我们要成就方便的智慧,也就是"方便波罗密",要发大慈悲心,广度众生。

"大慈悲心"不忍众生苦,是行菩萨道的工具之一,我常说"用慈施悲",用宽广的爱心去服务遭受苦难的人,而且要切实力行"拔苦予乐"的工作;不要只在口头上说:"我也有爱心啊!看到病患在喊苦时,我也觉得很不忍心……"只说自己有爱心,却不肯付出行动去表达关怀,这又有什么用呢?一定要切实去做才行。

用慈施悲的实践法门

例如慈济医院曾有一位年老的患者,因为没有眷属来照顾,中午时想上厕所,就自己把点滴的针头拔掉,结果血管的针孔一直淌出血来;而他下床后又无力站稳,就跌坐在地上。

那天,正好委员志工没有午休,一一到各病房再巡视,于是发现这位老人危急的情况。由于病人的体型高头大马,而委员志工却都是女性、身材又娇小,因此必须由好几位志工合力搀扶,好不容易才把老人安顿好。志工们抱持爱心而来,将良能发挥出去,这就叫做"用慈施悲"。可见方便的实践法门,源自这一分心——大慈悲心。

地狱很苦,地藏菩萨抱持大悲的愿力,发愿到地狱救度众生;娑婆世界是"堪忍的世界",观世音菩萨也发挥大悲心,不断地倒驾慈航来救度世人,这种大悲心就是发挥良能的推动力,由此众生才能得救啊!

因此,要成就"方便波罗密",必须发大慈悲心;立大悲愿,这就要先断烦恼障碍。什么烦恼会障碍我们付出呢?那就是执著于自修自了,在修行中有人会产生这种迷惑。

譬如有的人会执著于修"声闻乘",有的人则执著于"缘觉乘",这二乘都是小乘。有的人认为修行要常常听经,才能开智慧、成就道业;或是必须找一个很清净的地方念佛,才像是在修行。若是这样，就是执著在声闻小乘行。

也有人说："既然心、佛、众生三无差别，我只要有佛心，就与佛的智慧同等。只要找个清净的地方，体悟世间春夏秋冬的嬗替，观众生心理的生、住、异、灭，和身体的生、老、病、死的形态，万物一统皆是无常，由此细心观察就会开悟。"像这样的方式叫做"独觉乘"。

如果不能利益他人，只想利益自己，就算智慧再高，也只是一个独善其身、修小乘的行者。所以，若要成就菩萨行，就要先施行方便法，发大慈悲心、断除迷惑，这就需要教育。过去佛陀的教育，是从佛陀口中流露智慧法语，而后听闻者便"依教奉行"。

现在的社会强调教育，而且科系愈分愈精细。

但是学生毕业后,却不一定要选择本科系的工作。不像早期的学校教育,学了哪一科,踏出校门后就会从事相关的工作。虽然古代并没有建筑系,不过那时他们盖的建筑物,有些到现在都还很完整地留存下来。过去日据时代所造的桥和隧道,尽管有的已经八九十年或超过百年,仍然十分坚固、安全。

反观现在的土木工程都有专门的科系,但是,往往一座才造好没多久的桥,在经历一场台风或水灾之后,这座桥就被大水冲断了,那是为什么呢?

专科与专心

因为早期先民很专心地探讨"如何能做好那

件工程",所以他们具有充分的知识。现在却都是讲"专科"而不讲"专心"了。过去的人,从事每项工作时都很用心;而且要想学好任何一项技能,都得低声下气、好好地学;师傅怎么讲,学徒就很认真地学。他们非常尊重师傅,当学徒的人三年不能领钱,要不停地学习这件工作,还要在师傅家里打杂、专心忍耐,才能得到师傅的肯定,学到真正的功夫。

而现代人只讲求"专科",拿到文凭才有晋升的机会;若是没有文凭,不管他如何有心、做得多好,职位还是升不上去,这就是"舍本逐末"。所以,所做的工作也就难以尽善尽美。

由于有这样的教育文凭趋向,所以有些上班族虽然在工作上表现得很好,可是却还要"留职停薪"再进修,就是为了将来能有再晋升的机会。其实所谓的再进修,有时并不见得比他原本所知、所学的更专精。如果只是纸上谈兵,却无法提起"披战甲、入沙场"的勇气,是一件很危险的事。

现在的教育,应该要延续过去人们的那分专心,而不是只执著于文凭;只要专心学习,虽然是"方便"的教育,也会有所成就。教育并不仅限于学校,必须自小就从家庭环境中培养起。其实,童真时候的那分智慧,才是真正清净的智慧。

童心如秋月

赤子之心就如明亮的秋月,我们常会发现大人没想到的,都被小朋友们想到了。几年前,花莲有一次遭逢台风,在风灾过后,台中一位只有五岁多的小朋友,立刻打电话来问安。

当时我正好出去勘灾,不在精舍。回来时听到这件事,心想:难得这位小朋友有这分爱心和关心,所以那天晚上我就回个电话给他。

我就问:"郭镇元,你打电话找师公有什么事啊?"

他回答:"师公,花莲不是有台风吗?"

"是啊!"

他随即用大人的口气说:"我跟您说,台风天,您少出去啊!"

"可是我早上已经出去了,怎么办?"

"您出去做什么?万一被台风刮倒了,怎么办呢?"

"有很多人的房子都被水冲走了、没地方住,很可怜哟!"

"哦,那您是出去救人啊?"

"对啊!"

"那您要早一点出去、早一点回来,不要摸黑回来喔!"

"为什么不要摸黑回来?"

"因为外面黑漆漆的,万一您跌倒了怎么办?"

这就是赤子之心,也是他善解人意的智慧。他知道台风来时,不要出去外面;但是当他知道外面有很多人需要救助时,只好要我早点出去、早点回来,还担心我万一跌倒了怎么办?

后来,三岁的小女孩"草莓"听了这个小故事,就跟妈妈说:"妈妈,您跟师公说好不好? 请师公出门的时候带一支手电筒。"这也是她的善巧慧思。所以，童心就像月亮一样，那么温柔又能发出光芒。只要大人平时能以"用慈施悲"的心来教育下一代，便能使孩子在潜移默化中培养善解与纯真之爱。

这也是"方便"的教育；人人若有这分虽处于污浊、烦恼的环境中，却能不被熏染、又能发挥清明的智慧，这就称为"远行地"菩萨。

所以，要达到"远行地"菩萨的境界，必定要有成就方便的智慧，也要发大悲心才行。要使我们的智慧有朝一日能光耀人间，必须先远离"独善其身"的迷惑与障碍，这就要时时用心、善用良能。

遠行地

遠行地

遠行地

遠行地

菩薩第八地

不動地

古德云：「发心容易，恒心难持。」学佛者，应以恒常心、身体力行。

我们学佛究竟的目标,就是要成佛。所以,学佛是起点,成佛是目的。但是,从起点到目的地还有一段很长的距离,需要我们一步步地精进不懈,才能渐渐缩短距离以至究竟的佛地。

要到达佛的境界,就得要行菩萨道;若跳过菩萨道,就成不了佛。不过,行菩萨道必须按照顺序来。至少要经过七地菩萨、发慈悲心,运用方便波罗密,才能真正达到第八地菩萨"不退转"的境界。

福慧具足方成佛

前面已经讲到第七"远行地"。它的意思是,不管路途多么遥远,都要耐心勇往直前。就像佛来人间救度众生不只是一生一世,而是来来回回有八千次这么长久的时间。

有的人发愿："尽此一报身"来行道,意思是不管再怎么认真,都仅只于一世而已。其实,我们应该发愿"来生来世"都要一心一志为拔度众生而来。

佛陀累生累世舍命为众生,哪怕是一只鸟、一只老虎或一条蛇,在无法两全的情况下,他都愿意舍弃身命、救度众生的苦难。虽然它们不是人类,却同样具有宝贵的性命;凡是有生命的物类,他都一视同仁以慈悲、爱心来照护。在佛陀的《本生经》里,有很多这类的记载。

这就表示在成佛之前,要先行菩萨道,并且不断来回娑婆世界(注一)。就如在运动场上跑步,跑越多圈表示耐力越强。佛陀在娑婆世界里来来回回八千次,这是多么长远的路程;除了要有耐心之外,还要发大悲愿;大慈悲心绝对没有自私自了的念头;行菩萨道必须兼利他人,济度众生。

佛为了救度众生而发心出家修行,并非为了自己要成佛而修行,当度众生的因缘都已圆满、福慧具足时,自然能成佛。

所以,接下来是第八"不动地",也是"愿波罗密"。

"不动"就是不受动摇。古德云:"发心容易,恒心难持。"一般人受到感动时,口头上发愿要付出爱心很容易,但是要以恒常的时间身体力行就很难了。

助念与玩牌的拉锯战

有一次我到台北,一位慈诚队员上台现身说

法。之前我曾对他们说:"师父对慈诚队的期望与寄托,就是要净化人间。你们在担起净化人间的使命之前,要先净化自己。因此,必须守八项规矩(注二)。"这些规矩,我都一一分析让他们了解。

他们听了,猛点头说:"我们会尽量去做!"这位慈诚队员当场也发了一个愿,说:"我过去的坏习惯,从现在开始要全部改掉。"

可是当天一回到家,就有牌友打电话邀他,说:"我们现在三缺一,你可不可以过来一下。"

他说:"我现在要戒掉打牌的习惯,已经不想玩了。"

对方说:"哎呀!偶尔消遣一下,玩一两次有什么关系?以后再慢慢改啦!"

那时,他的心里就受到动摇:"对呀!反正缺一个人,我去补位,让他们欢喜也是一件功德。"于是,他经不起诱惑就去了。

到了那里,他马上就坐下来玩。到了晚上十一点多,他的呼叫器忽然响起,他就回电:"是谁找我?有什么事?"

对方说:"林师兄的妈妈往生了,今晚轮到我们去助念。"他挂断电话之后,心想:我既然加入慈诚队,助念是要紧的事情;"输人不输阵",轮到我,不去不好意思。回到桌边,他就对牌友们说:"真是对不起!我有很要紧的事必须先走。"

这些牌友说:"天都还没亮,你这么早就要溜掉,太不够意思了。不行!"

他说:"可是我现在有急事,不走不行!"

他们就这样争执不下。当时有一位牌友很生

气,就把麻将桌掀翻了。他也气得站起来,咬牙切齿地紧握着拳头。不过,那时候他想起师父说的话:"忍一口气还不够,吞一口气才是真功夫。"

他真的就吞忍下来。直到忍得"气"都静下来时,他才把拳头松开,露出笑容拍拍对方的肩膀说:"不好意思!我真的不去不行,对不起!我先走了。"那天晚上,他去助念,念得法喜充满。当时,他才体悟到"念头一转,海阔天空"的道理;也深深体会到外境的引诱,实在很可怕!

不退道心断习气

明明当天晚上才刚听了师父的开示,自己也发愿要改掉坏习惯。可是回到家,一通电话就让自己把持不住;后来看到牌友们生气的叫骂形态,那时他才真正体悟:这幕景象,就是要让我真正下决心断除习气,我应该要感恩对方才对。因此,他断除了赌博的习惯。

第八"不动地",意思是指:只有发心是不够的;要在境界来时,不受外境诱惑而能通过考验才行。若肯下这番功夫,才能坚定意志、拥有"不动"的善念。从此,他的人生完全改变了。一个月后,他见到我就说:"师父,我已经戒赌了。现在就算有人到家里来拉我,也拉不动了。"

要真正断习气,就要成就"愿"波罗密,也就是先立愿。我常常说:"发多大的心,就有多大的福;发多大的愿,就有多大的力。"但是,所立的愿一定是真切的愿——即不论什么境界出现,都不会被动摇的愿。例如有人布施了一些钱之后,就去签

"大家乐"、买股票；满心以为有布施了，签大家乐一定会中奖、买股票一定涨停板，这样就大错特错了。

佛菩萨不会保佑投机取巧的人。因此，若认为捐了钱就会事事如意，是错误的观念。真正的学佛，要经得起社会的种种磨练，培养坚定的意志，把行善当作是本分事，随分随力去帮助别人。我们要时时抱着一颗感恩心——我们有今日的福，事业上有成就，都是社会人群共同付出的成果。

所以，唯有时时刻刻感恩社会、回馈大众，才是一位真正的佛教徒，也才是真正的发愿；不要只发一些自私的愿，这样的愿非但不能利益众生，也常会事与愿违，反倒是自寻烦恼而已。

发大愿，结好缘

有一位母亲，对老大不小的儿子尚未娶妻，一直很烦恼。后来她发大心行善布施，希望儿子能早日找到结婚的对象。过了三年，儿子终于有了对象，结果她却不满意，坚持要再找一个自己中意的媳妇；但是，儿子无论如何都不愿放弃。做母亲的就想：我要赶快再发愿、再布施，让他们两人的感情一刀两断。

有一次她跟我说："师父，我都有布施；但是，他们两人的感情为什么还断不了？我也一直在发愿，为什么再找的对象，儿子都看不上？"

我跟她说："你应该以包容心来祝福你儿子才对；有缘的绝对拆不散，无缘的绝对凑不成对。他们小两口能够幸福，才是最要紧的。发心造福不应是为了左右你儿子的选择；抱着这种心态来造福就不对了，必须以宽广的爱心去面对每一个人，况且是你儿子所爱的人；应该成全他们才是你的本分事。"总算她听进去了，媳妇也娶进门了，婆媳都很贴心，一家和乐融融。

可见要当一位菩萨，须有无私的爱心，能舍下自己的偏爱，扩为大爱。更需立"愿"作为渡过苦海的船——愿普天下众生皆得吉祥、愿普天下众生皆得安乐、愿普天下众生皆得离苦，这才是真正的大愿。"不动地"是成就"愿波罗密"；若能立下诚恳的大愿，则不管什么样的境界，都无法动摇实践菩萨道的心愿。

这是否很困难？其实并不难。只要对众生"无分别想"，希望一切众生都能快乐，而不是特别关爱的至亲好友，才希望他快乐。普天下众生的苦就是我的苦,普天下的众生能得到快乐就是我的快乐。

若能立下坚定的愿,菩萨十地当中,时时刻刻抱持如初的欢喜心。任何境界来了我都很欢喜,任何顺、逆之境都不至于动摇我的心;若能如此,立宏誓愿、持续不退,这就是"愿波罗密",也是菩萨第八不动地。

【注一】娑婆世界,娑婆为"堪忍"之意。娑婆世界即释迦牟尼佛进行教化之现实世界,此界众生必须忍受众苦,承受诸烦恼,但仍不肯出离。

【注二】慈诚队刚开始时制八戒,如今已修订为十戒,即在家五戒再加上:不吃槟榔、不吸烟,不赌博,孝顺父母,遵守交通规则,不参与政治活动等五条规则。

不動地

不動地

不動地

不動地

菩薩第九地

善慧地

善慧,即是慈悲而有智慧。愿有多大,力就有多大;有愿力来配合,自然能够成就净业。

不管学什么，我们都要从基础开始，然后再一层层地往上爬；若放弃基础，等于是悬空了，那就会很危险。

因此，绝对不能有"我今天修的，已经比昨天还高一层、境界也更深了；我要放弃浅的、以追求更高深的境界"这种心态。一切仍必须踏踏实实地由浅入深去修行。

取诸社会，用诸社会

接下来是第九"善慧地"。"善慧"，即是慈悲而有智慧。要达到"善慧地"的境界，首先要打稳基础的功夫，努力成就"力波罗密"。

我常常说："发多大的愿，就有多大的力。"有愿力来配合，心地自然能够时时清净、专心一念；

择善坚持于任何遭遇而能清净，就不生烦恼、不起恶念；不生烦恼就是智慧，不起恶念就是善念。有智慧、慈悲的善念，再加上一股毅力去推动，就能把理想变成事实，也能转理论为实际，使人事理圆融无缺。

就佛教来讲，"理论"属"真谛"，"人事"则属"俗谛"。"真谛"的道理是"心无染著、具足智慧善根"；而"俗谛"则是要人圆事圆，发挥慈悲的功能去利益人群。因此，我们应该要真俗并行。

在社会环境中，必定要顾及他人；若只想到自己要了生脱死，或是一味沉迷于世俗，便会有所偏执。社会上有很多爱心团体在推行各种爱心工作，这是成就善业。但是很多人却同样离不开烦恼，原因是做了些善事，心里就有执著而放不下。

我也曾经讲过"十魔军"(注),里面有一项是"善根魔",是指行了善事却一直放在心上;想着:我做了很多善事,该当得到什么福报……如果是为了求得福报才行善,便违背了行善的原意,反而会招来烦恼,容易丧失了为善的原动力。

为善应无所求,如果做一点善事就希望有所回报,就是缺少了真空的智慧。唯有真俗平行,才是真正的力行菩萨道。我们既然来到人间,不要放不下、看不开;放不下的人生,会过得很不愉快,甚至痛苦不堪;若看开了,也不能忽视自己的功能,而应发挥"大爱"的良能。

曾听过慈济人唱过一首歌,歌词的内容大概是这样:"垃圾倒出去,清净的收回来,我关心你,你关心我……"这就是一种幸福。人生能做到真正把内心的垃圾倒出去,就是清净的智慧;若能进一步"我帮助你,你帮助我",彼此互相爱护、守望相助,就是人生最幸福的画面。

我们时常听闻:某位大企业家受到歹徒的威胁、恐吓,或是某某地方又有人被绑架的消息。因此,许多有钱人都会雇请一些保镖,有的守门,有的随身保护着他。这是多么不安而辛苦的生活啊!

如果人人各守本分,尽自己的能力维持合法的生活,即可轻安自在。而富有能力的人能"取诸社会,用诸社会",如井水般保持八分满的状态,则能使贫富相安、劳资互惠,呈现社会祥和,使人人能拥有一分欢喜和快乐。这一定要了解"善慧地"的境界,才能做到"无患得失"却很尽心的境界;

"为人事尽心"就是"俗谛","无患得失"就是"真谛"的道理。

普天下没有我不爱的人

美好的社会,需要人人互爱、互助。因此,得一善就要拳拳服膺,不断发挥它的功能。像志工们到医院服务病人回来,脚步都是轻快的;这是做了之后的成就感和快乐,这就叫"喜悦",也可以称为"法喜"。

我常说:"我们要视普天下众生,年长者都是我的父母,年纪差不多的都是兄弟姊妹,年纪小的都是我的孩子。"志工们听了觉得很有道理,于是身体力行去做,把病人当成自己的家属,用尽各种方法使病人得到安适、快乐;付出的人都做得很有心得。

但是,有的人听了道理,心里却想:那些老人头发也没洗,身体那么脏,而且又生病;要我靠近他,心里实在有一点怕怕的!

若这样,听师父说时很欢喜,可是实际面对蓬头垢面、身体脏臭的病人,却无法生起欢喜心,反而十分烦恼;没有听法之前,离得远远的,觉得理所当然。听了法之后,看到病人还是怕怕的、离得远远的,于是心灵上又多了一分压迫感,因为自己做不到,这就多了一种烦恼。

学佛,就是要"学到了就用出去",这才是真正的善慧;要以一股发自愿心的毅力,将所学的道理推行于人间,才是真正圆满而有所得的佛法。

有一次我去台中演讲,说到"父母就是堂上的活佛"。有一位很年轻的小姐听了之后，内心受到很大的冲击！

事后她向我提起，过去自己对父母并不懂得感恩。每天都是在母亲将早餐煮好、又把家里打扫干净之后，自己才会起床。

但是自从那天听法回去后，隔天开始，她每天都会提早起床把早餐准备好，并且把周围的环境打扫干净，然后等母亲起来一同享用早餐。以前常常被母亲又吼又叫的，现在样样都很自动，妈妈看了很高兴，她自己也觉得很心安欢喜！这也是她听了法之后，能立即发挥功能所得的欢喜心。

后来她又告诉我一件事。因为讲演那天大家一直鼓掌，当时我曾对大家说："现在社会上有很多问题，其中一项就是'垃圾问题'。你们若能用现在认真鼓掌的双手,将生活环境中的垃圾分类好,尽量惜福、知福,不要动不动就把还能使用的东西淘汰掉,就能减少许多垃圾。当局的清洁单位也能推行不同时段、收取不同种类垃圾的环保政策,让许多可再利用的资源,继续使用。"

于是她又以实际的行动,在住家附近挨家挨户宣导环保的观念:"拜托大家把铁罐、玻璃瓶或沙拉油罐、旧报纸、簿子都作分类,会腐烂的东西请另外放;如果你们能这样做,我会负责每个礼拜来收一次。"

由于她的态度诚恳有礼,有时叫人家"阿公、阿嬷",有时叫人"伯父、伯母",很有耐心地一一讲解环保的理念,因而得到极大的回响!家家户户真的都把垃圾分类好,等她来收。她也依言每个星期都去收集,再送到回收中心去卖;积少成多,每周都可以卖一千多元。

她说:"师父!我把卖的这些钱都捐出来建医院。可是我想请教师父,这并不是我自己的钱,我想要用'慈济人'的名称来捐好吗?"

我说:"当然好啊!你有这分心,把邻居们整理出来的资源拿去卖,他们愿意付出心力,所以他们有功德,你更是功德无量啊!"

"不过,我现在愈收愈多,有点负荷不了……"

"你用什么工具去载回收物?"

"开始的时候,丰原有一位踩三轮车的善心人士听到我的构想,马上响应要帮忙,就是用他的三轮车来载。可是现在愈来愈多,三轮车已经无法负荷了。师父是否能帮我呼吁,看看有没较大的车能帮我运载?"

"这是好事,我会替你呼吁,我们共同来完成。"

闻法入心发于行

这是一件很容易的事吗?其实并不容易。光是要踏入陌生人的家门,就要有很大的勇气;因为她有这分愿心、毅力,于是困难的事也就变得简单了。

总之,学佛并不困难;困难只在于:你能否把听闻的法,入于心、立于愿?能否发愿心献出自己的力量?就差在这里而已。

所以,学佛可以是如此合情合理又生活化。日常生活中的一切,都是我们能做的事;若能做到这样的程度,就称为"善慧"。有这分爱心,并立下坚定的愿,就有办法突破万难,达到第九地的菩萨境界,也就是"善慧地"。

【注】十魔军:指修行佛道之十种障碍。即欲、忧愁、饥渴、爱、睡眠、怖畏、疑、含毒、利养、高慢。

善慧地

善慧地

善慧地

善慧地

菩薩第十地 法雲地

心地的种子都是「因」，需要的是「缘」。「法云」就是缘，能够成就一切。

菩萨道看来好像很遥远,其实只要我们有心去实行,再怎么远的路,总有到达的一天。

虽然凡夫很渺小、圣人很伟大,不过,要从渺小变成伟大并不困难,只要有心、有愿就很容易。佛门有一句话"三世一切佛,一切唯心造",既然如此,就不用怕凡夫不能成佛。

所谓:"心包太虚,量周沙界。"众生的心与佛心一样,都能包容太虚。年岁大小,并不能代表一个人的心量或智慧。有的人虽然阅历丰富,但能真正了悟的道理却很少;有的人年纪虽轻,体会却比年长的人更透彻,更能通情达理。

一般人常常会倚老卖老,当较年轻或资浅的人对他个人提出一些指正时,他就会说:"你闭嘴!我年纪比你大,我过的桥比你走的路还长;我吃的盐比你吃的米还多……"一副不愿采纳别人意见的态度。

其实,众生的智慧没有高低之分,大家都是平等的;所以要好好地运用,否则尘垢会愈积愈多,智慧就显现不出光明。

精神集中,事事皆通

比如有些病人,老是对医生说:"我病了。"医生对他说:"你要稍微运动一下。"但是他还是不想动,整天躺在床上,手脚自然愈见萎缩。而且一个人的心理会影响生理,心理上一直觉得没力气,身体也就一直无力了。

有些病人刚好相反,医生就病情的评断告诉他:"你要多休息!"但是他却认为:我还好呀!我要利用有限的人生多做一些事。所以，不管在怎样的病况中，只要心理健康，还是可以生活得和健康人一样，这也是一种心力。

其实，每个人的心力都能无限地延伸。如果懂得发挥运用，就如一面明镜，能鉴照天下万物；若不肯"用心"，则如宝镜蒙尘，不仅不能发光，更会失去了它的功能。

所以，行菩萨道的方法无他。一者需要智慧，再者就是要发挥良能；发挥良能是慈悲，而智慧是力量的来源。

前面提到第九"善慧地"，是鼓励我们要培养慈悲心；但不是看不清目标的滥慈悲，以至于爱得泛滥。有智慧的人会把"爱"化为建设性的力量，进而发挥良能，到达"善慧地"的菩萨境界。

就如我们学佛,必须静下心来,精神集中,定力才能产生,而后由定生慧,这样就能有精通的方法。其实所谓的"神通",就是"精神集中",则一切的人、事、物、理可互融相通。

做事、待人圆满;讲说道理也很透彻。因为精神集中不散乱,便能在定中发挥智慧的功能,所以能通达事理,这叫做"大圆镜智",就如一面圆满光明的宝镜一般。

慈悲智慧法云地

菩萨十地的最后一地是"法云地"。"法"是"智慧","云"是慈悲、爱护之意。

大地万物能够不断涌现生机,都是靠水分、土壤、空气和热能,靠地、水、火、风四大调和的运作,这些东西缺一不可。"法云地"就如一片遮荫、造雨的云。虽然蓝天白云的景致,十分清净美好;但是如果一直都晴空万里、艳阳高照,草木就会干涸、凋零。这时最需要有清凉的及时雨来滋润大地,缓和太阳的热度,让枯萎的草木重现生机。

人的身体,有生、老、病、死的痛苦。但是,我们也有不死的"慧命"。它需要"法云"的培养;法语滋润众生,就像拨云见月时,云会散开;需要及时雨时,云又会自动聚拢降雨,这样就能培育大地万物。

我们每个人的慧命、心地的种子都是"因",需要的是"缘"。"法云"就是缘,能够成就一切。"法"有如智慧的甘露,能滋润群生。"云"象征慈悲、爱护,能解除众生的热恼,这就是慈悲。

但是,如何才能登到"法云地"的境界呢?必须成就"智波罗密"。这里的"智"是指"大圆镜智",它能鉴照天下一切事相,却又不受其影响。我们若有这分明明历历的分别智,心就不会被污染,还能进一步以"方便的智慧"来教导众生。

掘心井,储法水

佛陀在人间说法四十九年,归纳起来,就是要我们"行菩萨道"。要像太阳一样,能使众生智慧明朗;亦有如慈云适时覆盖,使众生在慈悲、爱护之下,身心安定、悲智双运,这称为"法云地"。

成就了"智波罗密",就能具足无边功德,生出无穷的功德法水。这时,我们就要赶快掘一口心井,以储积"法水"来滋润众生。或许我们的力量有限,但是露水虽微,却能滋润大地;我们要像那无形的甘露水般,默默地滋润众生。

平时一场演讲法会,都有很多人来听,听的时候好像很受用,但是就如一阵西北雨,很快就过去了。要让众生的慧命长期获得滋润,最要紧的是"以身作则",在日常的言行中显现出修养。

常常听到有人说:"我好敬仰某某人,因为他都不用讲话,从行动中就能表现出不凡的气质。"像这样,不必靠大场面的说法,在人与人的相处中,他的语默动静就像甘露法水般,能渐渐地滋润人心,使人烦恼尽除。"法云地"的意思,也与此同理。若能真正把对众生的爱建立在心中,我们的一切举动,就会在善巧方便中予人机会教育;就如云覆在虚空中,洒出清净的琼浆一样。

人生要时时如一片法云，既不受任何障碍，又能普施及时雨。学佛，就是要使心镜能照见山河大地；但是，山水并不会成为自己内心的负担，这就称为"大圆镜智"。能够到达这样的程度，就是"十地菩萨"了。

十地菩萨的意义，已经大略解释完毕。我们应该从第一地的方法做起，时刻精进不放松，直到十地圆满。不可忽视其中任何一个阶段；因为漏了任何一地就会悬空，因此要步步踏踏实实、努力精进，才能登上十地圆满的境界。

法雲地

法雲地

法雲地

法雲地

法雲地

编后语

静思书斋

证严上人三十多年前,在亲教师 上印下顺导师"为佛教、为众生"的殷殷期许下,创办"慈济"慈善志业,誓愿为苦难众生尽形献寿;至今,依然不易初衷!所不同者,海内外人士同志同行者与日俱增,而其肩荷的志业,也从单一的慈善工作,推衍至医疗、教育乃至人文志业(注)。虽然志业日益庞大,但是上人仍一如以往地勇往以赴,无怨无悔!此一精神与风范,正是"人间菩萨"悲心愿力的具体展现。

除对暗角的众生实际付出关怀外,上人每每勖勉自己做到古圣贤孔子"学而不厌,诲而不倦"的美德,对二众弟子们用心地施以善巧方便法——透过自身的修证,用浅白而生活化的话语,平实地表达出一般人难解而深奥的佛法。

因此,在讲说"菩萨十地"时,为加深或唤回弟子们的印象,在下一堂课继续讲述时,总是言简意赅地作重点回顾;而当上人叙述某一主题时,更常会重复、加强描述,使内涵更上一层。

在编校本书时,我们一直抱持着战战兢兢、临渊履冰的心情,深恐稍有不慎便致法语疏漏,造成读者及后世学人莫大的遗憾!

回首编辑过程,可谓亦编辑亦修行。随着上

人口中十地菩萨的一一进阶,潜移默化中似乎也润泽、修正了些许的习性。例如处理"欢喜地"时,便期许自己勇于承担,欢喜接受当下一切的人、事、物;世人若能依法而行、精进不懈,则何处不是"道场"?

或许有人以为:"'十地'太麻烦了!我要学'速成'的!"或认为:"佛法我也懂得不少,应该选修高深一点的方法!"岂知修行正如筑高楼,越高的楼房,地基必须打得越深;若是略过下层的基础,势必无法完成理想。

其实,菩萨的修行虽说有十地阶段,但每一地均可相互增长而不冲突。诚如上人所云:"地上种了菜,就不易长草;心中有善,就不易生恶。"若能专心致一于欢喜、无垢……之任何一地,再一阶阶地升华,那"恶"如何能再生?如此,则十地亦能透过人人不断地"自我雕琢"与互勉互励,而一一自然圆成。

祈愿所有与本书接触的有缘人,亦能在此"自我雕琢"的过程中,欢喜无限、同沾法益。

【注】证严上人鉴于一般人将文化与人文混为一谈,认为应蜕去"文化"外衣,显其精髓,以"人文"清流引导大众返回真实道路,遂自二〇〇四年十一月起将慈济四大志业中"文化志业",更名为"人文志业"。

图书在版编目(CIP)数据

心灵十境—菩萨十地/释证严讲述.—上海:复旦大学出版社,2011.1(2020.6 重印)
(证严上人著作·静思法脉丛书)
ISBN 978-7-309-07323-2

Ⅰ.心⋯ Ⅱ.释⋯ Ⅲ.佛教-通俗读物 Ⅳ.B94-49

中国版本图书馆 CIP 数据核字(2010)第 098885 号

慈济全球信息网:http://www.tzuchi.org.tw/
静思书轩网址:http://www.jingsi.com.tw/
苏州静思书轩:http://www.jingsi.js.cn/

原版权所有者:静思人文志业股份有限公司授权复旦大学出版社
出版发行简体字版

上海市版权局著作权合同登记号 图字:09-2010-401

心灵十境—菩萨十地
释证严 讲述
责任编辑/邵 丹
复旦大学出版社有限公司出版发行
上海市国权路 579 号 邮编:200433
网址:fupnet@fudanpress.com http://www.fudanpress.com
门市零售:86-21-65102580 团体订购:86-21-65104505
外埠邮购:86-21-65642846 出版部电话:86-21-65642845
上海崇明裕安印刷厂

开本 890×1240 1/32 印张 5.5 字数 49 千
2020 年 6 月第 1 版第 4 次印刷
印数 9 701—11 800

ISBN 978-7-309-07323-2/B·349
定价:23.00 元

如有印装质量问题,请向复旦大学出版社有限公司出版部调换。
版权所有 侵权必究